AF555628

LES FÊTES DE THETIS,

BALLET HEROIQUE

EN DEUX ACTES

PRECEDÉS D'UN PROLOGUE,

Repréſenté pour la premiere fois devant le ROI, ſur le Théatre des petits Appartemens à Verſailles, le 14 Janvier 1750.

Imprimé par exprès Commandement de
SA MAJESTÉ.

M. DCC. L.

Les Paroles sont de M. Roy, Chevalier de l'Ordre de S. Michel.

La Musique du Prologue & du premier Acte est de M. de Blamont, Surintendant de la Musique de la Chambre du Roi.

Et celle du second Acte est de M. de Bury, Maître de la Musique de la Chambre de Sa Majesté.

Les Danses sont de la composition de M. Dehesse.

ORCHESTRE.

Clavecin,	*M. Ferrand.*
Violoncelles,	*M. Jeliote,* *M. Labbé l.* *M. Chrétien,* *M. Picot,* *M. Duport,* *M. Antonio,* *M. Dubuiſſon.*
Baſſons,	*M. le Prince de* DOMBES, *M. Marliere,* *M. Blaiſe.* *M. Brunel.*
Violes,	*M. de Dampiere,* *M. le Marquis de Sourches.*
Flutes,	*M. de Buſſillet,* *M. Blavet.*
Hautbois,	*M. Deſelles,* *M. Desjardins.*
Violons, premiers-deſſus,	*M. Mondonville,* *M. Lalande,* *M. le Roux,* *M. de Courtaumer,* *M. Mayer.*
Violons, ſeconds-deſſus,	*M. Guillemain,* *M. Marchand,* *M. Caraſſe l.* *M. Fauchet,* *M. Belleville.*
Trompette, Cor-de-Chaſſe,	*M. Caraſſe c.* *M. Caraſſe 3me.*

CHŒURS CHANTANS.

Côté du Roi.		Côté de la Reine.	
Mlles		Mlles	
De Selle, Canavas, Ducros.	Dessus.	*Godonesche, Daigremont, Bezin.*	Dessus.
Mrs		Mrs	
Camus, Gerome.	Dessus.	*Falco, Francisque, Benoist fils.*	Dessus.
Le Begue, Poirier.	Haute-Contres.	*Bazire, Dugué.*	Haute-Contres.
Daigremont, Cardonne.	Tailles.	*Richer, Tavernier.*	Tailles.
Benoist, Ducros, Dupuis, Joguet.	Basses.	*Godonesche, Dubourg, Dousin.*	Basses.

M. de Bury sur le Théatre, pour la conduite du Spectacle.

PROLOGUE

SUJET.

LA Paix ayant commencé par l'accord fait avec les Puiſſances Maritimes, on a ſaiſi cette circonſtance plus ſinguliere, que les fruits de la Paix, dont la deſcription n'eût rien produit de nouveau. La Mer eſt le Théatre du Commerce, que la Guerre avoit interrompu. Thetis dans ſon Palais étoit troublée du bruit des Batailles navales. Les Fleuves n'y apportoient que des débris. Mercure lui apprend que les Dieux partagés ſur la deſtinée de l'Univers, l'ont remiſe à la clémence du Vainqueur. La Seine vient préſenter à Thetis le Rameau d'Olivier.

ACTEURS DU PROLOGUE.

THETIS. *Madame* DE MARCHAIS.

MERCURE. *Monsieur le Duc* D'AYEN.

LA SEINE. *Madame* TRUSSON.

CHŒURS DE TRITONS, DE NEREIDES ET DE FLEUVES.

PERSONNAGES DANSANS.

TRITONS, NEREIDES, FLEUVES ET RUISSEAUX.

Monsieur le Comte DE MELFORT.

Messieurs { *Levy*, *La Riviere*, *Beat.* } Mesdemoiselles { *Reyx*, *Puvigné*, *Camille.* }

Messieurs { *Dupré*, *Barois*, *Pisset.* } Mesdemoiselles { *Durand*, *Foulquier*, *Chevrier.* }

PROLOGUE.

Le Théatre repréſente le Palais de Thetis ſous les eaux. Elle eſt aſſiſe ſur ſon Trône, environnée des Tritons, la Conque à la main, des Nereïdes tenant des branches de Corail, des Fleuves appuyés ſur leurs Avirons.

SCENE PREMIERE.

THETIS, TRITONS, NEREIDES.

THETIS.

MEs flots embraſſent l'Univers,
Pour unir les Humains que cent climats diviſent ;
Ils ſe devoient mille ſecours divers ;
J'avois formé ces nœuds, & les ingrats les briſent.

Non, ce n'eſt point Eole & les Vents raſſemblés
Qui ſouflent ſur les Mers un éternel orage.
Tous ces tonnerres redoublés,

Ces feux, ces éclairs, ce carnage,
Trop aveugles Mortels, n'eſt-ce pas votre ouvrage?

CHŒUR DE TRITONS.

Le Danube, la Meuſe & le Rhin déſolés,
Fuyant leurs rives gémiſſantes,
Pleurant tant de Guerriers à Bellone immolés,
Ne roulent juſqu'ici que des ondes ſanglantes.

THETIS.

La Seine exempte des horreurs
Qui troublent dès long-temps tous les Fleuves du Monde,
Régne ſur des bords enchanteurs,
Rien n'altere ſa paix profonde:
Et le front couronné de fleurs,
Elle apporte en riant le tribut de ſon onde.
Cependant la Diſcorde, en cruautés féconde,
Ravage les Cités, enflâme tous les cœurs.

CHŒUR DES NEREIDES.

Ah! Faut-il qu'à ſe détruire
Ils ſoient toujours animez?
Calmez, juſte Ciel, calmez
La fureur qui les inſpire.

SCENE SECONDE.

MERCURE, THETIS, CHŒURS.

MERCURE.

Mercure impatient de servir vos desirs,
Descend pour vous du séjour du tonnerre.

THETIS.

Les Dieux vont-ils calmer la Terre ?

MERCURE.

Minerve lui voudroit rendre les doux loisirs,
Cybele l'abondance, & Venus les plaisirs.
L'impétueuse Victoire
Veut signaler son Héros,
Elle croit que le repos
Est ennemi de la gloire.

La Guerre à son Peuple heureux
N'a préparé que des Fêtes :
Mars, favorable à leurs vœux,
Lui doit encor des conquêtes.

THETIS.

Se lasse-t-on de vaincre? Hélas!
J'ai donc perdu toute espérance.
Que pour un jeune cœur le triomphe a d'appas!

MERCURE.

Le destin des Mortels dépend de sa clémence.

THETIS.

Les vaincus l'éprouvoient dans l'horreur des combats.

MERCURE.

Mais je vois accourir la Nymphe de la Seine,
Si fiere de l'aspect du plus grand des Héros.

SCENE TROISIÉME.

LA SEINE, THETIS, MERCURE, CHŒURS.

LA SEINE.

DEs Mers puissante Souveraine;
L'allégresse vers vous précipite mes flots :
Le Vainqueur a banni la Discorde inhumaine,
Et les Dieux par ses mains vous rendent le repos.

THETIS, MERCURE, CHŒURS.

O jour d'éternelle mémoire !
Le Vainqueur ramene la Paix;
Il triomphe, il pardonne, il comble nos souhaits.

MERCURE.

Avec Mars il suivoit la Gloire.

LA SEINE.

Il la voit sous de nouveaux traits.

THETIS.

Prévenez par vos chants la Muse de l'Histoire;
Nereïdes, Tritons, publiez ses bienfaits.

TOUS TROIS.

Ils brillent d'un éclat plus beau que la Victoire.

LE CHŒUR.

O jour d'éternelle mémoire !
Le Vainqueur ramene la Paix, &c.

On danſe.

LA SEINE.

On ne craint plus de ravage ;
Les Fleuves ſur leur rivage
Verront les fruits des beaux jours.
La Mer à tous les ſecours
Ouvre un facile paſſage ;
Ce n'eſt plus que des Amours
Qu'on éprouvera l'eſclavage.

On danſe.

LA SEINE.

Amans attendus des Belles,
Trop long-temps éloignés d'elles,
Revenez plus empreſſez :
Hâtez-vous, récompenſez
Par les ſoins, & la conſtance,

Tant de pleurs qu'on a verſez
Sur vos périls ou votre abſence.

On danſe.

THETIS.

L'Amour renouvelle
Son carquois.
Que de cœurs il rappelle
Sous ſes loix !
Venus reprend les droits
Que Bellone uſurpoit ſur elle.
L'Amour renouvelle, &c.

Quel charme invincible
Dans ſes traits !
Pour un inſenſible
Ils ne ſont pas faits.

On danſe.

THETIS, CHŒURS.

Rempliſſons de nos chants tout l'eſpace des Mers ;
Que la Terre nous réponde,
Que nos voix percent les Airs.
Ce jour, cet heureux jour fait renaître le Monde.

MERCURE.

Thetis eut toujours en partage
L'art de se transformer en mille objets divers.
Pour ce grand jour rappellez-en l'usage,
Des Muses du Théatre essayez les concerts;
Prenez leurs traits, je veux vous prêter leur langage.

EGINE

SUJET.

EGINE, fille d'Asopus, Roi de Béotie, fut élevée au Ciel par Jupiter, qui l'aimoit sous le nom du Roi de Créte. La jalousie de Sisiphe fils d'Eole, le ravage de l'Empire d'Egine par la peste, la naissance miraculeuse d'un nouveau Peuple après la destruction du premier, sont détaillés au sixiéme Livre des Métamorphoses. *Asopida luserit ignis.* Métam. 6.

ACTEURS.

JUPITER sous le nom du Roi de Créte.	*Monsieur le Marquis* DE LA SALLE.
EGINE.	*Madame la Marquise* DE POMPADOUR.
SISIPHE.	*Monsieur le Chevalier* DE CLERMONT D'AMBOISE.

PEUPLES NOUVEAUX.

PERSONNAGES DANSANS.

PEUPLES.

Monsieur le Marquis DE COURTANVAUX.

Monsieur le Comte DE MELFORT.

Messieurs { *Lepy*, *Berterin.*	Mesdemoiselles { *Reyx*, *Marquise.*
Messieurs { *Beat*, *la Riviere*, *Rousseau*, *Gougis.*	Mesdemoiselles { *Camille*, *Puvigné*, *Dorfeuil*, *Chevrier.*
Messieurs { *Balleti*, *Marcadet.*	Mesdemoiselles { *Durand*, *Foulquier.*

EGINE.

Le Théatre repréſente la Forêt de Dodone ; & dans le fonds, la Ville d'Egine.

SCENE PREMIERE.

EGINE, SISIPHE.

EGINE.

AH! barbare Siſiphe, à quel excès d'horreurs
As-tu porté le dépit qui t'anime !

SISIPHE.

Ingrate, n'accuſez que vous de mes fureurs.
C'eſt dans vos yeux qu'eſt né mon crime,
Moins amoureux, j'euſſe été moins jaloux,

Que mon Rival n'est-il seul ma victime!
Quel Dieu le dérobe à mes coups?

EGINE.

Ce Rival n'a pas eu l'audace
D'attenter à ma liberté,
Il attend comme une grace
Un choix qu'il a mérité.
L'Amour n'est dans ton cœur que l'orgueil irrité,
Ta vaste ambition dévoroit mon Empire,
Tu n'a pû l'envahir, tu viens de le détruire.

SISIPHE.

Eole à qui je dois le jour,
Sur les aîles des Vents qu'il tient en sa puissance,
Eole a fait porter la mort dans ce séjour.

EGINE.

Ainsi par tes forfaits tu prouve ta naissance.

SISIPHE.

Plus loin que mes desirs il étend ma vengeance.

EGINE.

Mais ta fausse pitié ne la répare pas.

Chaque instant de nos maux accroît la violence,
Un funeste poison vole dans ces climats,
Le Prêtre expire aux pieds des Autels qu'il encense,
La Mere voit périr son fils entre ses bras,
Les Epoux sont unis par le même trépas.

SISIPHE.

La Parque d'un coup rapide
Tranche leurs jours malheureux:
Vous me faites souffrir, perfide,
Un supplice plus lent, & cent fois plus affreux.

EGINE.

Va, fui, n'augmente pas le mien par ta présence.

SISIPHE.

Mes remords, mes regrets, mes pleurs, tout vous offense.

EGINE.

Va jouir, loin de moi, d'un triomphe odieux.

SISIPHE.

Eh ! mon Rival respire encore !
Je n'ai donc pas vangé la honte de mes fers.
Qu'il périsse à vos yeux, la foudre que j'implore
Dût-elle sur ses pas m'entraîner aux Enfers.

SCENE SECONDE.

EGINE.

Faut-il trembler pour toi, cher Prince que j'adore ?
N'avois-je pas assez d'un Peuple à regreter ?
Ah ! fuyons le jour que j'abhorre.....
Hélas ! je pense aux pleurs que je vais te coûter :
Dans mes derniers momens j'ignore
Si je dois souhaiter
Ou craindre de te voir encore.
Faut-il trembler pour toi, cher Prince que j'adore ?
Tous mes sens épuisés succombent au sommeil.
O mort, délivrez-moi de l'horreur du réveil.

Elle tombe au pied d'un des Arbres de Dodone.

SCENE TROISIÉME.

JUPITER, EGINE endormie.

JUPITER à part.

CHarmante Egine, hélas ! la clarté t'est ravie :
L'Amour qui voile encor Jupiter à tes yeux,
Ne peut-il rappeller son amante à la vie ?

EGINE, en s'éveillant.

Ah ! Seigneur, quel moment vous ramene en ces lieux !

JUPITER.

La Créte m'obèit & vous offre un azile,
Venez régner sous un Ciel si tranquile.

EGINE.

Dans un songe les Dieux m'ont annoncé leurs loix.
J'embrassois en pleurant les chênes de Dodone,
Vous les voyez, ils parloient autrefois :
Un autre prodige m'étonne ;
J'entens mille confuses voix,
De Phantômes errans la foule m'environne,

Ombres de mes Sujets, c'est vous, j'entens vos cris,
Le Tenare bien-tôt nous verra réunis.

JUPITER.

Ah! d'un songe si vain oubliez l'imposture,
Vivez, de l'avenir mon amour vous assure.

EGINE.

Non, il faut de mes jours éteindre le flambeau.
Mon Peuple ici périt, c'est ici mon tombeau.
D'un Rival, que la rage anime,
Sur tant d'infortunés j'attirai tous les coups,
Je pleure leur destin, mais le mien est trop doux,
Puisqu'enfin je meurs la victime
De ma fidélité pour vous.

JUPITER.

Hélas! si vous m'aimiez, haïriez-vous la vie?

EGINE.

Plus je vous vois, plus j'en connois le prix.
De deux cœurs l'un à l'autre unis
Que les jours sont dignes d'envie!

Dans vos ſoins empreſſés, dans vos yeux attendris,
Je liſois ce bonheur dont mon ame eſt ravie:
Voilà les jours que je vous ſacrifie.

JUPITER.

Ah! j'aimerois mieux vos mépris,
Qu'une tendreſſe, hélas! d'un pareil ſort ſuivie.

EGINE.

Je triomphe en mourant des Deſtins ennemis.
Ciel! je vois l'objet de ma haine.

SCENE QUATRIÉME.

SISIPHE, EGINE, JUPITER.

SISIPHE.

Sisiphe daigne encor s'offrir à vos regards :
Venez, suivez mes pas, la résistance est vaine.
Volez, enfans d'Eole, abîmez ces remparts...,
Esclave obéissez, amante soyez Reine.
Fuyons des lieux frappés du céleste courroux.
Venez, la résistance est vaine,
Soyez heureuse malgré vous.

EGINE.

Moi ! Te suivre, Cruel ! Non, la mort m'est plus chere.

SISIPHE.

Je le vois donc enfin ce Rival téméraire.
Je l'ai cherché long-tems : Eh ! que peut-il pour toi ?
Son superbe silence insulte à ma colere.

JUPITER.

Le Ciel te répondra pour moi.

On entend le Tonnerre.

EGINE.

Qu'entens-je ! quel bruit effroyable !
Quels éclairs font pâlir le jour !

JUPITER.

Le présage pour vous doit être favorable.
De vos maux l'Auteur implacable ;
Le fils d'Eole expire, il tombe au noir séjour :
Un mobile Rocher sur lui roule & l'accable,
Du crime & du remords image redoutable.

Sisiphe est foudroyé & accablé sous un Rocher.

EGINE.

Le Ciel est donc pour nous, le Ciel sert notre amour.

JUPITER.

Un jour plus pur a percé l'ombre.

Le Théatre s'éclaire.

EGINE.

Quel charme ſur ces bois appelle tant d'oiſeaux ?

JUPITER.

Leur poids fait plier les rameaux ;
Et les feuilles à peine en égalent le nombre.

EGINE.

O ſouvenir trop douloureux !
Je voyois ſous mes loix un Peuple auſſi nombreux.
Je m'attendris à leur ramage. . . .
Mais en touchant la terre ils quittent leur plumage ;
Et ce ſont des Mortels qui naiſſent à mes yeux.

SCENE CINQUIÉME.

JUPITER, EGINE, Peuples nouveaux qui arrivent en dansant.

LE CHŒUR.

Jouissez d'un nouvel empire :
Un Peuple est né pour vous, il vivra sous vos Loix :
Il vous doit le jour qu'il respire,
Pour chanter vos vertus il a reçu la voix.

EGINE à Jupiter.

Enfin la reconnoissance
Est d'accord avec l'Amour :
Je veux que ma nouvelle Cour
Vive sous votre obéissance.

JUPITER.

Non, j'ai porté plus loin mon espérance :
Tous les Trônes du Monde ont pour moi peu d'attraits :
Ma flâme m'est plus chere encor que ma puissance ;
Le don de votre cœur comble tous mes souhaits.

Pour goûter de ce bien les plus pures délices,
Sous les traits d'un Mortel j'ai caché mon pouvoir:
Jupiter à vos pieds met tous les sacrifices,
Que du vaste Univers il aime à recevoir.

EGINE.

Vous Jupiter! Que vois-je! Une Ville nouvelle
Du sein de ces débris, sort, & frappe mes yeux...

Il s'éleve une Ville.

Quoi! le destin d'une Mortelle
Auroit intéressé le Souverain des Dieux!

JUPITER.

Est-il quelque objet dans les Cieux
Qui pût m'offrir une chaîne plus belle?
L'Amour qui m'égaroit, fixe aujourd'hui mes vœux,
Il vous a réservé de me rendre fidelle,
Vous épuisez sur moi tout ce qu'il a de feux.

ENSEMBLE.

Vous m'aimez, je vous adore.
Répétez-moi cent fois un aveu si flateur:
L'assurance de mon bonheur

JUP. *A mes regards charmés vous embellit* } *encore.*
EGI. *Autorise mes feux & les redouble* }

EGINE.

Un Char descend du Ciel.

Mais ce Char enflamé pour vous descend des airs.
Grand Dieu, vous me rendez un Peuple, & je vous perds.

JUPITER.

Non, Egine avec moi vous régnerez sans cesse.

Aux Chœurs.

Votre Reine aujourd'hui devient votre Déesse,
Vous, fortunés Sujets, dressez-lui des Autels:
N'implorez que ce nom si cher à ma tendresse;
J'exaucerai vos vœux, comptez sur la promesse
Du Souverain des Immortels.

CHŒURS.

Que de nos chants tout retentisse,
Les jours les plus charmans vont éclore pour nous;
Que la Terre au Ciel applaudisse,
Que de notre bonheur l'Univers soit jaloux.

EGINE.

Viens, Amour, occuper nos âmes;
Nos premiers vœux te ſont offerts:
Nous ne reſpirons que tes flâmes,
Nous ne demandons que tes fers.

Que jamais rien ne ſépare
Le bonheur & les deſirs:
Que le ſentiment prépare
Et ranime les plaiſirs.

Viens, Amour, &c.

On danſe.

UNE CORIPHÉE alternativement avec le Chœur.

Tendre Amour,
Ce ſéjour
Eſt ton ouvrage:
Ce ſéjour,
Chaque jour,
Des cœurs te doit le retour.
Tes bienfaits
Ont prévenu notre hommage,

Que d'attraits
Désormais
Réservés à tes Sujets !

Qu'il est doux
D'être exempt d'inquiétude !
Loin de nous,
Soins jaloux,
Plaisirs, ranimez-vous.
Au Printems
De nos ans
On sçait charmer sans étude.
Doux momens,
Jours charmans,
Naissez pour les Amans.

On danse.

LA MESME.

Avec nous vont naître
Les tendres Plaisirs :
Nos premiers desirs
Nous les font connaître.

Notre œil s'ouvre à peine
Aux rayons du jour,
Qu'aux pieds de l'Amour
Notre cœur nous meine.

Du bonheur ſuprême
La ſource eſt en nous,
Le partage même
Le rendra plus doux.

LE CHŒUR.

Avec nous vont naître, &c.

On danſe.

LE CHŒUR.

Que de nos chants tout retentiſſe,
Les jours les plus charmans vont éclore pour nous;
Que la Terre au Ciel applaudiſſe,
Que de notre bonheur l'Univers ſoit jaloux.

TITON
ET
L'AURORE

SUJET.

TITON aimé de l'Aurore, fut rajeuni par Hebé. On le ſuppoſe vieilli dès ſa jeuneſſe, par la vengeance du Soleil, amant rebuté de l'Aurore, & odieux à Venus, dont il avoit découvert l'intrigue avec le Dieu Mars.

ACTEURS.

HEBÉ.	*Madame* DE MARCHAIS.
TITON.	*Monsieur le Vicomte* DE ROHAN.
L'AURORE.	*Madame la Marquise* DE POMPADOUR.
LE SOLEIL.	*Monsieur le Marquis* DE LA SALLE.

NYMPHES ET SUIVANS D'HEBÉ.

PERSONNAGES DANSANS.

NYMPHES ET SUIVANS D'HEBÉ.

Monsieur le Marquis DE BEUVRON.

Monsieur *la Riviere*, Mademoiselle *Puvigné*.

Messieurs *Beat*, *Lepy*, *Berterin*, *Barois*, *Rousseau*, *Gougis*, *Marcadet*, *Balleti*, *Piffet*, *Dupré*.

Mesdemoiselles *Camille*, *Reyx*, *Astraudi*, *Chevrier*, *Marquise*, *Dorfeuil*, *Durand*, *Foulquier*.

TITON ET L'AURORE.

Le Théatre repréſente les Jardins d'HEBÉ.

SCENE PREMIERE.

TITON endormi, HEBÉ, NYMPHES.

HEBÉ alternativement avec le Chœur.

Es Zéphirs & les Amours
Sont du même âge :
Les uns donnent les beaux jours,
Les autres en montrent l'uſage.

On danſe.

LE CHŒUR.

Les Zéphirs & les Amours
Sont du même âge, &c.

HEBÉ.

L'Empire heureux des Plaisirs
Releve de la Jeunesse ;
Les Plaisirs volent sans cesse
Au devant de ses desirs.

LE CHŒUR.

Les Zéphirs & les Amours, &c.

HEBÉ.

Les jours nous sont des momens
Dans cette heureuse retraite ;
Et rien ne nous inquiete,
Que le choix des amusemens.

On danse.

HEBÉ aux Nymphes.

Venus le veut, ne songeons qu'à lui plaire ;
Secondez-moi, Venus préside à ce mystere.

On danse.

Des Lys & des Roses sortent de Terre.

Ces Roses & ces Lys, qui naissent à l'instant,
Sont un présage heureux du succès qui m'attend.

Venus préside à ce mystere.

On danse.

Elle éveille Titon.

Le charme est fait. Titon, rendez graces aux Dieux.

TITON.

Où suis-je? Quel charmant asile!
Tout y rit, l'Elisée est offert à mes yeux.
Le sommeil jusques dans ces lieux
Auroit-il pû m'ouvrir un chemin si facile?
Non, je respire. Un sang & plus pur & plus doux
Coule & bouillonne dans mes veines.
Quelle main de la Parque a repoussé les coups?
Quel Dieu répare ici mes peines?

HEBÉ.

Le temps suspend pour vous la rigueur de ses droits;
Hebé vous rend la brillante jeunesse;
Un pouvoir souverain à vos jours l'intéresse:
Les Plaisirs avec vous renaissent à ma voix.

LE CHŒUR.

D'un prodige nouveau consacrons la mémoire:
Chantons Hebé, chantons sa gloire.

TITON.

Accablé d'un tourment affreux,
Victime avant le temps d'une langueur cruelle,
Toujours brûlé des mêmes feux
Pour une adorable immortelle,
J'avois perdu les traits qui plaisoient à ses yeux ;
Désesperé, jaloux, à moi-même odieux,
Je venois expirer loin d'elle.

HEBÉ.

Vous jaloux ! Qui troubloit une flâme si belle ?
Quel Rival ?

TITON.

Le Soleil, qui ne vieillit jamais,
Dont la splendeur toujours nouvelle
Aux regards de l'Aurore étale trop d'attraits.
S'il faut que sans retour elle me soit ravie,
Ah ! Que me serviront la jeunesse & la vie ?

HEBÉ.

N'est-il plus de Beautés dignes de votre choix ?

TITON.

Titon ne revivroit que pour être infidelle!
Non, l'on n'aime qu'une fois;
En vain le dépit rebelle
Offre une chaîne nouvelle.
L'Amour punit les cœurs de l'abus de ses loix:
Non, l'on n'aime qu'une fois.

HEBÉ.

Venus hait le Soleil avec trop de justice;
Venus peut contre lui favoriser vos vœux.
Une si pure ardeur mérite un sort heureux:
C'est pour servir Venus qu'Hebé vous est propice.

TITON.

Retrouverai-je enfin le cœur que j'ai perdu?

HEBÉ.

Vous lui pourrez du moins parler de votre flâme.
De l'éclat qui vous est rendu
Jusques sur ses regards le charme répandu,
Abusera ses yeux, vous lirez dans son âme.

Mais Venus dispose des cœurs,
Venez à ses Autels implorer ses faveurs.

LE CHŒUR.

O Mere des Plaisirs ! Venus, fais-les renaître
Après les tourmens rigoureux :
O Venus ! daigne rendre heureux
Le cœur le plus digne de l'être.

Tous vont au Temple de Venus.

SCENE SECONDE.

L'AURORE descendant de son Char.

ARrétons-nous dans ces beaux lieux.
Echos, répétez-moi ces sons mélodieux,
Dont le charme flateur soulageoit ma tristesse.
Tous les climats m'étoient devenus odieux ;
Mais un panchant secret me presse :
Mon cœur lui cede, il fixe ici mes yeux.
Echos, répétez-moi ces sons mélodieux,
Dont le charme flateur soulageoit ma tristesse.
Te chercherai-je en vain, Objet de ma tendresse ;

Tu crains mon inconstance, hélas!
Tu me l'as dit cent fois : qu'un tel soupçon me blesse!
D'une Mortelle aurois-je la foiblesse?
Tes traits ont beau changer, mon cœur ne change pas;
Mais le Soleil vers moi précipite ses pas.

SCENE TROISIÉME.

LE SOLEIL, L'AURORE.

LE SOLEIL.

ME fuirez-vous toujours, impatiente Aurore?
Rien n'est égal au feu qui me dévore,
Que vos froideurs & vos attraits.
Je vole, sans pouvoir vous atteindre jamais.

L'AURORE.

La loi du Destin nous sépare;
Elle nous asservit à des emplois divers,
Quand ma course finit, vous régnez dans les airs:
Je vous annonce, je prépare
Les biens, que vos rayons donnent à l'Univers.

LE SOLEIL.

Lorsque la nuit étend ses voiles sombres,
Vos travaux & les miens demeurent suspendus :
C'est aux Amours que ces momens sont dûs ;
Reclamerai-je en vain le secours de ses ombres ?

L'AURORE.

Elles doivent vous rendre au vaste sein des flots.

LE SOLEIL.

Que Neptune m'invite aux douceurs du repos,
Qu'importe ? Loin de vous quel repos puis-je prendre ?

L'AURORE.

Sur le mien cessez d'entreprendre.
Ne me prodiguez plus un inutile amour.

LE SOLEIL.

Quoi ! Vous m'ôtez tout espoir de retour !
L'implacable Venus me reproche une offense,
De ses coupables feux le mystére surpris ;
Il ne manquoit à sa vengeance,
Que de m'attirer vos mépris.

Ah! Que je ſuis jaloux des larmes
Que vous répandez ſur les fleurs.
Inſenſibles Objets de ſi cheres faveurs,
Mon cœur ſeul méritoit d'en goûter tous les charmes.

L'AURORE.

Vous n'ignorez pas mes douleurs,
Vous ne ſçavez que trop pour qui coulent mes pleurs.

LE SOLEIL.

Je voulois l'oublier. Une fiere Déeſſe
Peut-elle d'un Mortel écouter la tendreſſe?
Mais il ne verra plus les pleurs que vous verſez.

L'AURORE.

Je vois juſqu'où vous pouſſez
Une aveugle jalouſie.
Vos traits brûlans, vos traits ſur lui lancez,
Auront peut-être éteint ſa vie.
Dieu cruel, ne crois pas jouir de tes forfaits.
Je le pleure, je l'aime, autant que je te hais.

LE SOLEIL.

Hélas! Quelle eſt la récompenſe

Des plus fidéles ardeurs !
Faut-il, cruel Amour, n'éprouver ta puissance,
Que par l'excès de mes malheurs ?

SCENE QUATRIÉME.

L'AURORE.

LE doux Printemps fixé dans ces Bocages,
Ces Ruisseaux argentés, ces renaissans feuillages,
Tout nous annonce Hebé, tout marque son séjour :
Le Temps n'ose en ces lieux exercer ses ravages,
Tandis que le barbare épuise ses outrages
Sur l'Objet de mon tendre amour.

SCENE CINQUIÉME.

TITON, L'AURORE.

TITON, sans voir l'AURORE.

IL est temps de partir.... Quelle vive lumiere
M'environne de toutes parts ?

à l'AURORE.

Quoi ! la Divinité qui de la Terre entiere

Attire les premiers regards,
L'Aurore arrête ici sa rapide carriere?

L'AURORE à part.

Que vois-je? Est-ce un Mortel? Quels aimables accens!
D'où vient que son aspect trouble & séduit mes sens?

TITON.

C'est à la jeune Hebé qu'est soumis cet asile,
De vos divins regards jouira-t-il long-temps?

L'AURORE.

Il pourroit m'arrêter, si j'étois plus tranquile.

TITON.

Vous voyez quels ornemens
La Terre ici fait éclore:
Ne semble-t-il pas que Flore
Y commande aux Elémens?

L'AURORE.

Loin de l'Objet qu'on adore
Est-il quelques lieux charmans?

TITON.

Ah! Je suis pénetré des mêmes sentimens.

L'AURORE.

Vous aimez donc?

TITON.

Quel cœur aima jamais de même?

L'AURORE.

Et sans doute on répond à vos empressemens.

TITON.

Ah! plût aux Dieux! Peut-être aux pieds de ce que j'aime
Vais-je encor m'exposer à de nouveaux tourmens.

L'AURORE.

Craignez-vous de trouver une amante infidelle?

TITON.

Elle avoit droit de l'être, hélas!
Et le sort ne me laissoit pas
De raisons de me plaindre d'elle.
Il ne me restoit plus d'espoir, que le trépas.

L'AURORE.

Poursuivez, chaque mot m'intéresse à vos peines.

TITON.

Des Astres ennemis les rigueurs inhumaines
Me consumoient en vains regrets,
Mon sang fut glacé dans mes veines,
Je fuyois au fonds des forêts
Les regards des humains, le cristal des fontaines,
Je détestois la lumiere du jour:
Si la Beauté, dont j'adore les charmes,
A mes malheurs donnoit des larmes,
La pitié les versoit, ce n'étoit plus l'Amour.

L'AURORE à part.

Sur plus d'un Malheureux le sort tourne ses armes...

à TITON.

Tout me rappelle ici l'Objet de mes allarmes,
J'entrevois même en vous quelqu'ombre de ses traits.
Trop vaine illusion ! Je le perds pour jamais;
Mais vous, vous jouissez de l'éclat du bel âge.

TITON.

De la divine Hebé ce prodige est l'ouvrage.

L'AURORE.

Quel espoir pour vos feux ! Tout rit à vos souhaits.
Que vous plairez encor ! Qu'heureuse est votre amante !
Dieux plus cruels pour moi, je ne demande pas
Qu'on me rende Titon avec tous ses appas,
Non, je ne veux de lui, que sa flâme constante.

TITON.

Titon ! Que dites-vous ?

L'AURORE.

Mon désespoir affreux
Vous laisse-t-il douter de ma tendresse extrême ?
Sans lui, l'immortalité même
N'est qu'un long supplice à mes yeux.

TITON à ses pieds.

Ah ! C'en est trop, belle Déesse,
Le bonheur de Titon égale sa tendresse.

L'AURORE.

Est-ce vous, cher Amant, est-ce vous que je voi ?
Quel heureux jour succede à ma longue tristesse !

TITON.

Mes maux sont trop payés du prix que j'en reçoi.

L'AURORE.

Quand l'Amour à vos soins me forçoit de me rendre,
Aviez-vous tant d'attraits ? Suis-je aujourd'hui plus tendre ?
Pourquoi m'instruisez-vous si tard de mon bonheur ?
Vos discours m'inspiroient une tendre langueur ;
J'y voulois résister, fidelle à ce que j'aime,
C'étoit vous qui dans mon cœur
Combattiez contre vous-même.

ENSEMBLE.

Régnez, charmant Amour, sur des cœurs satisfaits.
De nos tourmens heureuse récompense !
Brillez, renouvellez pour nous tous les attraits,
Par qui votre Empire commence.

L'AURORE.

Mais quelle troupe ici s'avance !

SCENE SIXIÉME.

HEBÉ, TITON, L'AURORE, NYMPHES ET SUIVANS D'HEBÉ.

HEBÉ.

Vous voyez ma riante Cour,
Ce ſont moins mes Sujets, que ceux du tendre Amour;
Je conſacre à ce Dieu leurs beaux jours, & leur zéle:
Achevez mon ouvrage, inſtruiſez tous les cœurs,
Que vos immortelles ardeurs
Soient pour tous les Amans le plus parfait modéle.

L'AURORE.

Je ſçai, charmante Hebé, tout ce que je vous doi.

HEBÉ à Titon & à l'Aurore.

A votre amour conſtant vous devez plus qu'à moi.

LE CHŒUR.

Lancez, charmant Amour, lancez vos traits vainqueurs,
Répandez vos bienfaits ſans mélange de peines:
Le ſeul panchant unit les cœurs,
Le bonheur reſſerre leurs chaînes.

On danſe.

UNE CORIPHÉE.

Aimable délire,
Que l'Amour inspire,
Enchantez nos sens :
Heureux esclavage !
Seuls biens que l'usage
Rend plus séduisans !

LE CHŒUR.

Aimable délire, &c.

LA CORIPHÉE.

Que les Belles
Soient fidelles
Sans le secours des sermens.
Jamais d'imposture ;
Qu'une ardeur pure
Toujours assure
La foi des Amans.

LE CHŒUR.

Aimable délire, &c.

LA CORIPHÉE.

Si nos yeux
Allument tes feux,
Sois leur récompense;
Amour, sers nos vœux,
Fais-nous chérir ta puissance,
Régne, fixe ici les Jeux.

LE CHŒUR.

Aimable délire, &c.

On danse.

L'AURORE.

Triomphe, Amour, joüi de notre hommage,
Tu lances de tes traits le plus cher à mon cœur.
Les Dieux n'ont rien dans leur grandeur,
Du prix de ton esclavage,
L'Univers leur doit son bonheur,
Celui des Dieux est ton ouvrage.
Triomphe, Amour, joüi de notre hommage,
Tu lances de tes traits le plus cher à mon cœur.

On danse.

FIN.

www.ingramcontent.com/pod-product-compliance
Lightning Source LLC
LaVergne TN
LVHW010102230826
846091LV00005B/2052
* 9 7 8 2 0 1 9 9 4 5 1 7 6 *